M.r Mercier
1. 8.bre 1778
Bazen

AF336247

8h36
1743

# VENTE

D'une belle *Collection de Tableaux de différens Maîtres, Italiens, Flamands & François ; ainsi que de plusieurs beaux Dessins, Terre cuite, & autres Curiosités de l'Art :*

Elle se fera le Jeudi premier Octobre 1778, & jours suivans, de relevée, rue Saint Honoré, à l'Hôtel d'Aligre.

On y verra les objets les matins de chaque Vacation.

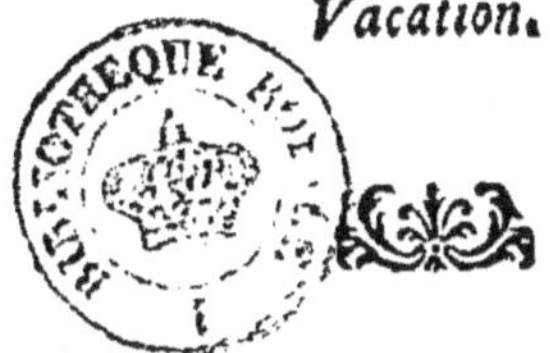

Le présent Catalogue se distribue

## A PARIS,

Chez le sieur BASAN, rue & hôtel Serpente ; Et Me DUFRESNE, Huissier-Priseur, rue Princesse.

M. DCC. LXXVIII.

# VENTE

## *D'UNE BELLE COLLECTION*
# DE TABLEAUX
### *DES PLUS GRANDS MAITRES.*

# TABLEAUX.

N. B. *On a ſuivi l'ordre alphabétique dans le nom des Peintres.*

Nº. 1. ALBERT DURER. L'Adoration des Rois, peinte ſur bois. 34 po. ſur 23 de large.

2 ASSELYN. Un Payſage montagneux, avec figure d'un Chaſſeur ſur le devant. 12 po. ſur 8 de large.

3 Autre Payſage, avec figures & animaux divers : ſur toile. 12 po. ſur 9 de large.

4 Autre Payſage, avec pluſieurs figures de

A ij

Cavaliers au bord d'une riviere: fur bois.
8 po. fur 7 de large.

5 BARENT-GREAT. Une Vue d'Hollande
pendant l'hyver, ornée de divers groupes de figures. 4 pieds fur 3 de haut.

6 BERTIN. Efaü vendant fon droit d'aineffe
à Jacob. 3 pieds fur 28 po. de large.

7 BOULOGNE. Renaud & Armide. 2 pieds
& demi fur 2 pieds.

8 CHATELET. La Vue d'un vieux Château
fortifié. 15 fur 12 de large.

9 C. CIGNANI. Jupiter & Léda, grand fujet d'une compofition très agréable. 3 pi.
& demi, fur 4 pi. de haut.

10 CLAUDE LE LORRAIN. Une vue de
l'ancienne Rome, ornée de plufieurs groupes de figures intéreffantes : fur toile. 3
pi. 4 po. fur 2 pi. & demi de h.

11 CORNEILLE POÉLEMBURG. La figure de
Minerve, armée de fa lance, & aflile dans
un fond de payfage. 11 po. fur 10 de h.

12 CORNEILLE ( des Gobelins.) L'Adoration des Rois : fur toile. 15 po. fur 12
de large.

13 DESHAYS. Pygmalion devenu amoureux

[ 5 ]

de fa Statue : fur toile. 4 pi & demi fur 3
pieds 8 po. de large.

14 DETROY. Le portrait de ce célebre Artifte, peint par lui même.

15 FRAGONARD. Le Sacrifice de Callyr-
rhoé, grande & fuperbe compofition &
premiere penfée du tableau du Roi qui
fait tant d'honnear à ce célebre Artifte :
fur toile. 6 pieds fur 4 de haut.

16 Renaud dans la forét enchantée : efquiffe
pleine de feu & d'une compofition favan-
te. 3 pieds fur 2 de haut.

17 Un charmant petit payfage. Vue d'un
Jardin d'Italie, ornée de plufieurs groupes de figures très-intéreffantes, parmi
lefquelles on diftingue fur le devant un
Payfan qui pouffe une brouette : ce morceau eft d'un effet très-piquant & plein
d'efprit.

18 FRANCISQUE BOLOGNESE. Un payfage
pittorefque, où l'on voit fur le devant
Saint Mathieu, accompagné d'un Ange.
4 pieds fur 3 de h.

19 FRANCK. Une très-riche compofition
& agréable, de plus de 30 figures de
femmes, repréfentant un payfage au mi-
lieu duquel fe voit un temple, & la figure

d'Apollon fur un nuage, bois, de 3 pieds
8 pou. fur 2 pieds & demi de h.

20 HEMSKERCK. Deux fujets de joueurs, de
12 pou. fur 8 de h. fans bordures.
21 Un Peintre & fa famille prenant repas
dans fon attelier. 17 fur 14 de h.

22 HENRY, (Eleve de Vernet.) Deux payfages avec ruines & figures. 9 pou. fur 7
de lar.
23 Un payfage où fe voit un vieux pont,
& plufieurs figures fur le devant. 9 pou.
fur 6 de h.

24 JOUVENET. Jéfus-Chrift chez Marthe,
fur toile, de 34 pouces fur 27 de larg.

25 LA CROIX. Deux payfages & marines
ornés de figures, fur toile. 24 pouc. fur
18 de h.
26 Deux autres petites marines fur bois, 6
pou. fur 4 de h.

27 LA HYRE. Saint Jean l'Evangélifte, fur
toile. 3 pieds & demi fur 3 pieds de lar.

28 LE CLERC. Diane au bain au retour de
la chaffe ; compofition agréable dans laquelle on compte 15 figures de femmes
nues, fur bois. 15 pou. fur 11 de h.
29 Une pleine campagne, dans laquelle on
fait la moiffon. Plufieurs figures font occu-

pées au travail, & d'autres à s'amuser. 20 pou. sur 17 de h.

30 LE MOLE. Un Satyre, une femme & un enfant, assis dans un beau fond de paysage, sur toile. 13 sur 13 de larg.

31 LE SUEUR. La sainte Vierge reçue dans le Ciel par le Pere éternel, belle composition & pleine d'esprit, sur toile. 16 po. sur 12 de larg.

32 Le Tems qui enleve la Vérité, sçavante composition de forme ovale, de 24 pouc. sur 20 de larg.

33 MARTIN. Le siége d'une Ville de Flandres, sur toile: de 30 pou. sur 24 de h.

34 MONTAGNE, (de Venise.) 2 petites marines, avec de jolies figures, de forme ovale, sur bois: de 6 pouces sur 4 de h.

35 NORBLIN. Une bataille composée avec feu, & pleine d'esprit. 2 pieds sur 18 po.

36 PUGET. Jésus-Christ couronné d'épines, & entouré de ses Bourreaux, sçavante composition, & morceau capital de ce célèbre Artiste, peint sur soie: de 3 pieds 2 pou. sur 2 pieds & demi de larg. Les tableaux de chevalet de ce Maître sont très-rares à rencontrer.

A iv.

37 REMBRANDT. Un payfage en pays plat
avec riviere qui ferpente, fur toile. 17 fur
10 de h.

38 RICKAERT. (David ) Samfon & Dalila ;
d'une belle compofition, & morceau capital de ce Maître, fur bois. 39 pou. fur
27 de h.

39 RUBENS. Jofeph d'Arimathie enfevelif-
fant le corps de N. S. fujet connu par l'ef-
tampe, d'après Rubens. 2 pieds & demi
fur 2 pieds de haut.

40 Un combat de divers animaux, très fpi-
rituellement touché, & plein de feu, par
Rubens. 16 pou. fur 14 de haut.

41 SANTERRE. Adam & Eve chaflés du
Paradis terreftre : fur toile. 3 pi. & demi
fur 2 & demi de haut.

42 SCHIDON. La fainte Vierge tenant dans
fes bras l'Enfant Jéfus : d'une parfaite con-
fervation & d'une compofition agréable,
de forme ovale. 31 po. fur 25 de large.

43 TEMPESTE. Une Bataille de Cavaliers ;
peinte fur cuivre. 8 po. fur 6 de h.

44 TENIERS. Jonas fortant de la Baleine :
fur toile, de 9 pou. fur 7 de large.

45 THEOLON. Un petit payfage avec figu-

res, de forme ronde, de 6 pouc. très-
spirituellement touché.

46 TERBURG. L'intérieur d'une chambre
hollandoise, dans laquelle on voit une
femme assise tenant une lettre que vient
de lui apporter un homme, sur toile. 23
pou. sur 21 de larg.

47 Une jeune femme debout auprès d'un
homme assis tenant un pot de bierre, sur
toile. 31 pou. sur 22 de larg.

48 VANDER CABEL. Une femme nettoyant
son enfant, dans un fond de paysage,
sans bordure.

49 Une Bacchanale, sur cuivre, en oval. 7
pou. sur 6 de larg.

50 VAN GOYEN. Un paysage avec riviere
sur le devant de laquelle on voit plusieurs
Pécheurs, sur toile. 21 pou. sur 15 de h.

51 VOUET. Une Vierge & l'Enfant Jésus,
sur toile, sans bordure. 24 pou. sur 20
de large.

52 WATTEAU. 2 portraits d'homme & femme très spirituellement peints. 8 pouc. sur
6 de larg.

53 WENINX. (Le vieux) Un joli paysage
orné de diverses figures, animaux & ruines, au bord d'un ruisseau.

54 WOUVERMANS. ( Philippe ) Un riche
payſage, dans lequel eſt repréſentée une
fête de Village avec beaucoup de figures.
32 pou. ſur 24 de h.

---

## MÉLANGE DE DIFFÉRENS MAITRES.

55 Un payſage avec figures & animaux,
dans le ſtyle du Bourdon, 14 po. ſur 11
de large.

56 La Tête d'un Archiduc, peinte par Ru-
ben, ſans bordure.

57 Deux ſujets de Joueurs & Bûveurs, tou-
chés avec eſprit, dans le ſtyle du Palamede.
17 ſur 13 de h.

58 Des Huſſards attaquant pluſieurs chariots,
peint dans le ſtyle de Wouvermans.

59 Un Repos en Egypte, ſur toile, ſans
bordure, dans le genre de C. Maratte. 7
po. ſur 7.

60 Deux petits payſages, avec chaumieres &
figures : ſur bois. 6 pouc. ſur 4 de h. dans
la maniere de Teniers.

61 Le Philoſophe Archimede, largement
peint, dans le ſtyle du Titien. 2 pieds &
demi ſur 2 pieds de large.

62 Moyſe ſauvé des eaux, grande compoſition dans le ſtyle du Pouſſin. 4 pieds ſur
3 de h.

63 L'Enlévement de Déjanire par le Cen-

taure Neſſus : grand tableau ſur toile : belle
copie du Guide.

64 Une Sainte Famille , accompagnée de
Sainte Anne : bonne copie de C. Maratte.
27 po. ſur 22 de large.

65 Un payſage chaud de couleur , dans le
ſtyle du Claude , & où il ſe trouve pluſieurs
figures peintes par Bénard : toile. 18 po.
ſur 16 de haut.

66 L'intérieur d'une cuiſine , avec figures :
dans la maniere du Morillos. 14 pou. ſur
11 de h.

67 Un groupe de Payſans aſſis au pied d'un
arbre , dans le ſtyle de Teniers. 7 ſur 6
de h.

68 Un Repos en Egypte , dans un joli fond
de payſage , dans la maniere de Gofredy.
13 pou. ſur 9 de h.

68 * Un pareil ſujet , largement peint : ſur
toile , de 20 pouces ſur 14 de h. dans le
ſtyle du Bourdon.

69 Une compoſition repréſentant un Sacrifice , peint ſur toile par Verdier. 4 pieds &
demi ſur 3 de h.

70 L'Enlévement d'Hélene , compoſition
dans le genre du Pouſſin. 4 pieds ſur 2 &
demi de haut.

71 La Réſurrection du Lazare , grande compoſition dans le ſtyle de La Foſſe. 3 pieds
& demi ſur 2 & demi de h.

72 Tarquin & Lucrece , compoſition connue

par l'estampe, d'après L. Jordano. 20 pou.
sur 16 de h.

73 Vénus se mirant dans une glace que tient
l'Amour : sur toile, dans le style du Corrége. 3 pieds & demi, sur 3 de lar.

74 Vénus & Adonis couchés : peint dans le
style du Carrache. 20 po. sur 12 de haut.

75 Diane & Endymion, par Forest. 30 po.
sur 24 de h.

76 Vénus allaitant l'Amour, grande composition, d'après Rubens, de 5 pieds 8 po.
sur 4 pieds de large.

77 Le Couronnement d'épines, d'après An.
Carrache. 14 sur 10 de large.

78 Bacchus & Ariadne, dans le style du
Carrache, sans bordure : sur toile. 4 pi.
sur 3 de h.

79 Apollon touchant sa lyre, & faisant dan-
ser une Nymphe, &c. attribué à Trémo-
lieres. 3 pieds & demi sur 2 pieds & demi
de h.

80 Une Magdeleine, tenant une tête de
mort : sur toile, de 4 pieds sur 3 de larg.
attribuée au Guerchin, sans bordures.

81 Un repos en Egypte, sur toile, par Du-
frenoy. 33 pou. sur 24 de h.

82 Psiché tenant une lampe, & visitant l'A-
mour endormi, sur toile, dans le genre
de Schidon. 27 pou. sur 19 de h.

83 Un paysage orné de plusieurs groupes
de figures, & dans lequel on voit le tem-

ple d'Apollon, fur toile, par Gafpre Pouf-
fin. 24 fur 17 de h.

84 La Mort de Socrate, efquiffe fur bois,
par Bertin. 15 pou. fur 11 de h.

85 L'Adoration des Rois, compofition par
Otho Wœnius, dans le ftyle de Rubens.
24 pou. fur 16 de h. Toile.

86 Un grand payfage, fur bois, de 3 pieds
fur 2 de haut, attribué à Waterloo.

87 Adam & Eve condamnés au travail, fur
toile, par un bon Maître Italien. 24 pou.
fur 21 de h.

88 Une fainte Famille, d'une très-agréable
compofition, attribuée à Stella. 3 pieds
fur 2 & demi de larg.

89 La Sculpture repréfentée par une femme
tenant une tête & un cifeau, fur toile,
par P. Mathée. 36 pou. fur 26 de lar.

90 La Mufique repréfentée par un groupe
de plufieurs figures, dont une femme
jouant du tambour de Bafque, fur toile,
par Coypel. 39 pou. fur 32 de h.

91 Un fujet de la Fable, peint fur toile par
Lucas. 30 pou. fur 24 de lar.

92 Le bufte d'une vieille femme ayant les
mains jointes. 13 fur 10 de large, attribué à Bifchop.

93 Un payfage, de forme ovale, avec figures fur le devant, attribué à Rofe de Ti-
voli. 27 fur 18 de larg.

94 Deux têtes d'homme & femme d'une grande

.vérité , peintes dans le ſtyle de Porbus. 13 pou. ſur 10 de lar.

95 Le portrait de Rabelais , de forme ovale. 13 pou. ſur 11 de !arg.

96 La Vierge accompagnée de Saint George & d'autres Saints ; copie du fameux tableau du Corrége qui eſt à Dreſde. 13 po. ſur 9 de lar.

97 Une chaumiere près de laquelle eſt un groupe de pluſieurs femmes, ſpirituellement exécuté par Taunay. 7 po. ſur 6 de haut.

98 Un payſage en plein champ, dans lequel on fait la moiſſon, par le même. 7 pouc. ſur 5 de h.

99 Diane & Endymion, de forme ronde; de 6 pouc. peint par la Hyre.

100 La Sainte Famille, copie du Carrache, dans laquelle on voit Saint Joſeph tenant des lunettes. 13 ſur 11 de large.

101 Deux petits payſages avec figures, par un Eleve du Zuccarelli. 8 pou. & demi, ſur 6 & demi de h.

102 Deux ſujets de Singeries, dont un par Teniers. 12 po. ſur 9 de large.

103 Une jolie Marine avec figures, faite à gouache, d'après Vernet.

104 Un groupe de cinq figures formant concert, dont une femme tenant un flageolet, &c. par un bon Maître Flamand.

105 Un joli payfage, où l'on voit Mercure
endormant Argus. 12 fur 10 de h.
106 La Vierge & l'Enfant Jéfus, précieu-
fement peinte dans le ftyle italien, avec
différens ornemens en cuivre doré. 6 po.
fur 4 & demi.

107 Plufieurs tableaux de différens Maîtres,
qui feront divifés.

---

## DESSINS, ET AUTRES OBJETS.

108 Un très long deffin, repréfentant une
Vue de la Ville de Florence: fait avec efprit, par la Belle.
109 Plufieurs autres deffins & eftampes de
Raphaël, Perin, Delvague, Dominiquain,
& autres, qui feront divifés.
110 Un Enfant, en terre cuite, par François Flamand, fur fon pied de marbre
blanc.
111 Une petite Tête d'Enfant qui pleure, en
bronze, fur fon pied en marbre.
112 Une paire de Flambeaux, dont les bo-
beches font foutenues par des enfans, en
cuivre doré.

---

On vendra à la fuite plufieurs glaces de
cheminée, & autres meubles.

### FIN.

Lu & approuvé ce 25 Septembre 1778.
COCHIN.

*Vu l'Approbation*, permis *d'imprimer*, ce 26
*Septembre* 1778.   LE NOIR.

De l'Imprimerie de PRAULT, Imprimeur
du Roi, Quai de Gêvres.